Hallo Lavacakes,

mit eurem flüssigen Kern verzaubert Ihr einfach jeden.

Egal, ob Ihr als Klassiker mit Schokoladenkern serviert werdet oder passend zur Jahreszeit als frühlingshafte Erdbeer-Törtchen, sommerliche Lavendel-Cakes, herbstliche Nuss-Törtchen mit Nougatfüllung oder weihnachtliche Marzipan-Küchlein – Ihr seid immer bezaubernd.

Deshalb habe ich ein Buch über Euch geschrieben. Mit pfiffigen Backrezepten für jede Jahreszeit. Damit werde ich in Zukunft garantiert meine Gäste verzaubern.

In Liebe
Eure Jasmin

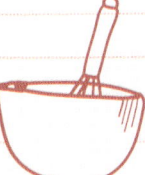

Inhalt

Vorwort 1

Schoko-Lavacakes 4
4 Variationen des Schoko-Klassikers 6

Frühling 8
Erdbeer-Törtchen 10
Zitronen-Cakes 12
Matcha-Lavacakes 14
Maracuja-Küchlein 16

Sommer 18
Lavendel-Cakes 20
Mango-Törtchen 22
Kirsch-Lavacakes 24
Blaubeer-Küchlein 26

Herbst 28

Nuss-Törtchen 30

Cremige Lavacakes 32

Apfel-Küchlein 34

Erdnuss-Cakes 36

Winter 38

Marzipan-Küchlein 40

Orangen-Lavacakes 42

Caramell Cakes 44

Red Velvet Cakes 46

Impressum 48

Schoko-Lavacakes
Der Klassiker zum Dahinschmelzen

Zutaten für 4–6 Stück

90 g Butter plus etwas für die Förmchen

100 g Zartbitterschokolade

30 g Speisestärke

½ TL Backpulver

3 Eier (Größe M)

50 g Zucker

1 Pck. Vanillezucker

Zubereitungzeit: 20 Minuten

Backzeit: 10 Minuten

Tipp
Diese klassischen Lavacakes lassen sich mit Puderzucker, Kakaopulver oder halbsteif geschlagener Sahne dekorieren.

1 Förmchen mit etwas Butter fetten. Backofen auf 180 °C Ober- und Unterhitze vorheizen.

2 Butter in kleine Stücke schneiden, Zartbitterschokolade grob hacken. Beides in eine Schüssel geben und über dem heißen Wasserbad schmelzen. Stärke mit Backpulver mischen.

3 Eier mit Zucker und Vanillezucker in einer Schüssel aufschlagen. Die Butter-Schokoladen-Mischung und die Stärkemischung zügig unterrühren, bis eine homogene Masse entsteht. Den Teig in die Förmchen füllen und etwa 30 Minuten kalt stellen.

4 Die Lavacakes im Backofen auf mittlerer Schiene etwa 10 Minuten backen, bis das Äußere fest und der Kern noch flüssig ist. Die Küchlein aus dem Ofen nehmen und ganz kurz abkühlen lassen. Auf Teller stürzen und sofort servieren.

4 Variationen des Schoko-Klassikers

Tropentraum

+ 100 g weiße Schokolade
+ 50 g Kokosraspel

Die Zartbitterschokolade des Schoko-Klassikers durch 100 g weiße Schokolade ersetzen und zur Speisestärke noch 50 g Kokosraspel hinzufügen. Die Lavacakes wie den Schoko-Klassiker auf Seite 5 beschrieben zubereiten und backen.

Herbstlich

+ 50 g gemahlene Nüsse
+ 1 TL Zimt

Zusätzlich noch 50 g gemahlene Nüsse und 1 TL Zimt unter die Speisestärke mischen. Die Lavacakes wie den Schoko-Klassiker auf Seite 5 beschrieben zubereiten und backen.

FRUCHTIG

+ 100 g weiße Schokolade
+ 50 g getrocknete Cranberrys
+ 1 TL abgeriebene Zitronenschale

Die Zartbitter- durch die weiße Schokolade ersetzen. Cranberries fein hacken und mit der Zitronenschale unter den Teig rühren. Die Lavacakes wie den Schoko-Klassiker auf Seite 5 beschrieben zubereiten und backen.

BANANEN-SPLIT

+ 40 g Bananenchips
+ 100 g Sahne zum Dekorieren

Zusätzlich die Bananenchips grob hacken und mit der Speisestärke mischen. Die Lavacakes wie den Schoko-Klassiker auf Seite 5 beschrieben zubereiten und backen. Zum Dekorieren die Sahne halbsteif schlagen und über die Lavacakes geben.

Frühling

Erdbeer-Törtchen

Süße Beerencakes mit fruchtigem Kern

Zutaten
für 5–7 Stück

100 g Butter plus etwas
für die Form

100 g Erdbeeren

100 g weiße Schokolade

30 g Speisestärke

75 g Mehl

1 TL Backpulver

3 Eier (Größe M)

50 g Zucker

Zubereitungszeit: 30 Minuten
Backzeit: 12 Minuten

1 Förmchen mit etwas Butter fetten. Backofen auf 180 °C Ober- und Unterhitze vorheizen. Erdbeeren waschen, putzen, entstielen und klein schneiden. Erdbeeren in einen Topf geben und kurz aufkochen. Danach fein pürieren und das Püree durch ein Sieb streichen.

2 Butter in kleine Stücke schneiden, Schokolade grob hacken. Beides in eine Schüssel geben und über dem heißen Wasserbad schmelzen. Speisestärke mit Mehl und Backpulver mischen.

3 Eier mit Zucker in einer Schüssel aufschlagen. Butter-Schokoladen-Mischung, Erdbeerpüree und Speisestärke-Mehl-Mischung zügig unterrühren.
Den Teig in die Förmchen füllen und etwa 10 Minuten in die Tiefkühltruhe stellen.

4 Die Törtchen im Backofen auf mittlerer Schiene etwa 12 Minuten backen, bis das Äußere fest und der Kern noch flüssig ist. Aus dem Ofen nehmen und ganz kurz abkühlen lassen.

5 Die Lavacakes auf Teller stürzen und sofort servieren.

Zitronen-Cakes

Typisch britisch mit fruchtigem Lemon Curd

Zutaten
für 5–7 Stück

Für den Teig

100 g Butter (zimmerwarm)
plus etwas für die Form

100 g Zucker

1 Pck. Vanillezucker

90 g Mehl

1 TL Backpulver

2 Eier (Größe M)

1 EL Milch

Für den Lemon Curd

70 ml Zitronensaft
(von 2 großen Zitronen)

90 g Zucker

20 g Butter

3 Eier (Größe M)

Zubereitungszeit: 45 Minuten
Backzeit: 15 Minuten

1 Lemon Curd nach Grundrezept zubereiten (siehe Klappe hinten) und etwa 15 Minuten kalt stellen.

2 Förmchen mit etwas Butter fetten. Backofen auf 170 °C Ober- und Unterhitze vorheizen.

3 Für den Teig Butter in einer Schüssel gut aufschlagen, dabei Zucker und Vanillezucker langsam einrieseln lassen. Mehl mit Backpulver mischen. Eier, Milch und Mehlmischung zügig unter die Butter-Zucker-Masse rühren.

4 Zwei Esslöffel Teig beiseitestellen und den restlichen Teig auf die Förmchen verteilen. Lemon Curd in den Teig spritzen und mit dem beiseitegestellten Teig verschließen (siehe Klappe hinten).

5 Lavacakes im Backofen auf der zweiten Schiene von unten etwa 15 Minuten backen, bis das Äußere fest ist. Aus dem Ofen nehmen, kurz abkühlen lassen und auf Teller stürzen. Sofort servieren.

TIPP

WER NUR WENIG ZEIT HAT,
GREIFT ZU LEMON CURD AUS
DEM GLAS.

TIPP

Matcha, fein pulve-
risierter Grüntee,
schmeckt lieblich-süß.

Matcha-Lavacakes

Mit dem Edelsten vom grünen Tee

Zutaten
für 5–7 Stück

100 g Butter plus etwas
für die Förmchen

100 g weiße Schokolade

30 g Speisestärke

30 g Mehl

½ TL Backpulver

3 Eier (Größe M)

50 g Zucker

3 EL Matcha-Tee-Pulver

Für die Dekoration

Pistazien und frische
Johannisbeeren

Zubereitungszeit: 20 Minuten
Backzeit: 10 Minuten

1 Förmchen mit etwas Butter fetten. Backofen auf 180 °C Ober- und Unterhitze vorheizen.

2 Butter in kleine Stücke schneiden, Schokolade grob hacken. Beides in eine Schüssel geben und über dem heißen Wasserbad schmelzen. Speisestärke, Mehl und Backpulver mischen.

3 Eier mit Zucker in einer Schüssel aufschlagen. Butter-Schokoladen-Mischung mit Stärkemischung und Matcha-Pulver zügig unterrühren, bis eine homogene Masse entsteht. Den Teig in die Förmchen füllen und etwa 30 Minuten kalt stellen.

4 Die Lavacakes im Backofen auf der zweiten Schiene von unten etwa 10 Minuten backen, bis das Äußere fest und der Kern noch flüssig ist. Die Küchlein aus dem Ofen nehmen und ganz kurz abkühlen lassen. Die Lavacakes auf Teller stürzen, mit Pistazien und Johannisbeeren dekorieren und sofort servieren.

TIPP

Dazu passt Zitronen-Eis.

Maracuja-Küchlein

Ein Hauch Exotik mit fruchtigem Kern

Zutaten
für 5-7 Stück

Für den Teig

75 g Butter (zimmerwarm)
plus etwas für die Form

75 g Zucker, 75 g Mehl

1 TL Backpulver

50 g Speisestärke

2 Eier (Größe M)

2 EL Milch

1 TL Bio-Zitrone

Für die Maracuja-Füllung

2 reife Maracujas

200 ml Maracujasaft

2 EL Speisestärke

Zubereitungszeit: 30 Minuten
Backzeit: 15 Minuten

1 Förmchen mit etwas Butter fetten. Backofen auf 180 °C Ober- und Unterhitze vorheizen.

2 Für die Füllung Maracujas halbieren, Fruchtfleisch herauslöffeln, mit Maracujasaft in einen Topf geben und kurz aufkochen lassen. Speisestärke mit 1 Esslöffel Wasser verrühren und einrühren. Maracujamasse nochmals aufkochen lassen, bis sie geleeartig wird. Dann kalt stellen.

3 Inzwischen für den Teig Butter in einer Schüssel gut aufschlagen, dabei Zucker langsam einrieseln lassen. Zitronenschale fein abreiben. Mehl mit Backpulver und Speisestärke mischen. Eier, Milch, Zitronenabrieb und die Mehl-Stärke-Mischung zügig unter die Butter-Zucker-Masse rühren.

4 Zwei Esslöffel Teig beiseitestellen und den restlichen Teig auf die Förmchen verteilen. Die Füllung in den Teig spritzen und mit dem beiseitegestellten Teig verschließen (siehe Klappe hinten).

5 Die Lavacakes im Backofen auf mittlerer Schiene etwa 15 Minuten backen, bis das Äußere fest ist. Aus dem Ofen nehmen, kurz abkühlen lassen und auf Teller stürzen. Sofort servieren.

Sommer

Lavendel-Cakes

Eine französische Liebeserklärung in Lila

ZUTATEN
FÜR 5–7 STÜCK

FÜR DEN TEIG

100 g Butter plus etwas
für die Form

100 g weiße Schokolade

50 g Speisestärke

75 g Mehl

1 TL Backpulver

3 Eier (Größe M)

50 g Zucker

1 Pck. Vanillezucker

5 EL Lavendelsirup

FÜR DEN ZUCKERGUSS

150 g Puderzucker

3 EL Lavendelsirup

ZUBEREITUNGSZEIT: 20 MINUTEN
BACKZEIT: 10 MINUTEN

1 Förmchen mit etwas Butter fetten. Backofen auf 180 °C Ober- und Unterhitze vorheizen.

2 Für den Teig Butter in kleine Stücke schneiden, Schokolade grob hacken. Beides in eine Schüssel geben und über dem heißen Wasserbad schmelzen. Stärke, Mehl und Backpulver mischen.

3 Eier mit Zucker und Vanillezucker in einer Schüssel aufschlagen. Lavendelsirup dazugeben. Am Ende die Butter-Schokoladen-Mischung und die Stärke-Mehl-Mischung zügig unterrühren, bis eine homogene Masse entsteht. Den Teig in die Förmchen füllen und etwa 30 Minuten kalt stellen.

4 Die Lavacakes im Backofen auf mittlerer Schiene etwa 9 Minuten backen, bis das Äußere fest und der Kern noch flüssig ist. Die Kuchen aus dem Ofen nehmen und ganz kurz abkühlen lassen.

5 In der Zwischenzeit für den Zuckerguss Puderzucker mit Lavendelsirup in eine Schüssel geben und mit einer Gabel zu einer glatten Masse rühren. Zum Servieren die Lavacakes auf Teller stürzen und den Lavendel-Zuckerguss darübergeben. Sofort servieren.

Lavendelsirup selbst gemacht: 150 ml Wasser, 200 g Zucker, 3 EL Zitronensaft, 2 EL getrockneter Lavendel in einen Topf geben und 5 Minuten kochen. Danach 3 Stunden ziehen lassen, durch ein Sieb in heisse Flaschen füllen. Hält etwa 6 Wochen.

Mango-Törtchen

Fruchtig-exotisch mit weißer Schokolade

Zutaten
für 4-6 Stück

100 g Butter plus etwas
für die Form

30 g Kokosraspel plus
etwas für die Form

100 g weiße Schokolade

50 g Speisestärke

½ Mango

3 Eier (Größe M)

50 g Zucker

1 Pck. Vanillezucker

Zubereitungszeit: 20 Minuten
Backzeit: 10 Minuten

1 Förmchen mit etwas Butter fetten und mit Kokosraspeln ausstreuen.

2 Butter in kleine Stücke schneiden, Schokolade grob hacken. Beides in eine Schüssel geben und über dem heißen Wasserbad schmelzen. Speisestärke mit Kokosraspeln mischen. Mango schälen, würfeln und fein pürieren.

3 Eier mit Zucker und Vanillezucker in einer Schüssel aufschlagen. Die Butter-Schokoladen-Mischung, das Mangopüree und die Stärke-Kokos-Mischung zügig unterrühren, bis eine homogene Masse entsteht. Den Teig in die Förmchen füllen und etwa 30 Minuten kalt stellen.

4 Die Lavacakes im Backofen auf mittlerer Schiene etwa 10 Minuten backen, bis das Äußere fest und der Kern noch flüssig ist. Die Küchlein aus dem Ofen nehmen, ganz kurz abkühlen lassen, auf Teller stürzen und sofort servieren.

Zutaten
Für 5-7 Stück

Für den Teig

100 g Butter (zimmer-
warm) plus etwas für die
Form

5 EL Kakaopulver plus
1 EL für die Form

100 g Zucker

2 Eier (Größe M)

90 g Mehl

1 TL Backpulver

Für die Kirschfüllung

100 ml Kirschsaft

90 g Zucker

1 TL Lebensmittelfarbe
in Rot

30 g Butter

3 Eier (Größe M)

Für die Dekoration

100 g Schlagsahne

50 g Schokostreusel

Zubereitungszeit: 50 Minuten
Backzeit: 15 Minuten

1 Für die Füllung Kirschsaft mit Zucker, Lebensmittelfarbe und Butter in einem Topf aufkochen und vom Herd nehmen. Eier in einer Schüssel verquirlen und Füllung nach Grundrezept zubereiten (siehe Klappe hinten).

2 Förmchen mit etwas Butter fetten und mit 1 Esslöffel Kakaopulver ausstreuen. Backofen auf 180 °C Ober- und Unterhitze vorheizen.

3 Für den Teig Butter in einer Schüssel schaumig schlagen, dabei Zucker langsam einrieseln lassen. Eier nacheinander unterrühren. Mehl mit Backpulver und Kakao mischen und ebenfalls kurz einrühren.

4 Zwei Esslöffel Teig beiseitestellen. Restlichen Teig auf die Förmchen verteilen. Füllung in den Teig spritzen und mit beiseitegestelltem Teig verschließen (siehe Klappe hinten). Im Backofen auf der zweiten Schiene von unten 15 Minuten backen. Aus dem Ofen nehmen, kurz abkühlen lassen und auf Teller stürzen.

5 Für die Dekoration Sahne steif schlagen. Lavacakes mit Sahne und Schokostreuseln dekoriert servieren.

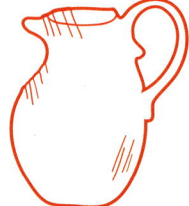

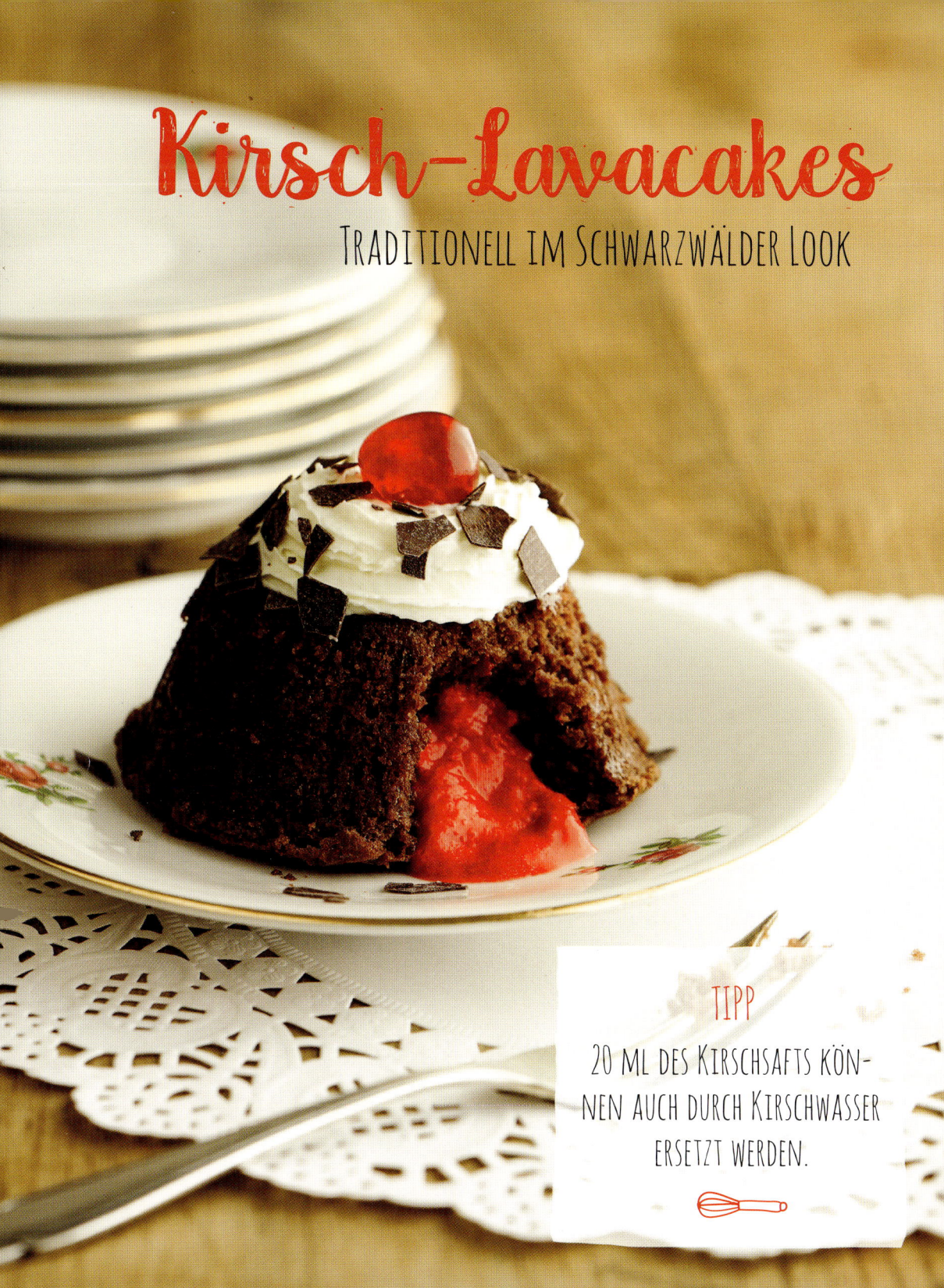

Kirsch-Lavacakes

Traditionell im Schwarzwälder Look

TIPP

20 ml des Kirschsafts können auch durch Kirschwasser ersetzt werden.

Blaubeer-Küchlein

Mit Kardamom für eine fein-herbe Note

Zutaten
für 5–7 Stück

Für den Teig
90 g Butter (zimmerwarm)
plus etwas für die Form

100 g Zucker

2 Eier (Größe M)

2 EL Milch

1 TL Vanilleextrakt

90 g Mehl

1 TL Backpulver

20 g Speisestärke

Für die Füllung
90 ml Blaubeersaft

100 g Zucker

30 g Butter

1 Kardamom-Kapsel

3 Eier (Größe M)

Zubereitungszeit: 50 Minuten
Backzeit: 15 Minuten

1 Für die Füllung Blaubeersaft mit Zucker, Butter und zerdrücktem Kardamom in einem Topf aufkochen und vom Herd nehmen. Eier in einer Schüssel verquirlen. Füllung nach Grundrezept zubereiten (siehe Klappe hinten).

2 Förmchen mit Butter fetten. Backofen auf 180 °C Ober- und Unterhitze vorheizen.

3 Für den Teig Butter in einer Schüssel schaumig schlagen, dabei Zucker langsam einrieseln lassen. Eier nacheinander unterrühren. Milch und Vanilleextrakt unterrühren. Mehl mit Backpulver und Speisestärke mischen und ebenfalls kurz einrühren.

4 Zwei Esslöffel Teig beiseitestellen und den restlichen Teig auf die Förmchen verteilen. Die Füllung in den Teig spritzen und mit dem beiseitegestellten Teig verschließen (siehe Klappe hinten).

5 Lavacakes im Backofen auf der zweiten Schiene von unten 15 Minuten backen. Kurz abkühlen lassen, auf Teller stürzen und servieren.

TIPP

Statt Blaubeersaft schmeckt hier auch Holundersaft sehr gut.

Herbst

Nuss-Törtchen

Kleine Lieblingsstücke mit Nougatfüllung

Zutaten
für 5-7 Stück

100 g Butter plus etwas
für die Form

100 g Zucker

2 Eier (Größe M)

50 g gemahlene Nüsse

1 TL Backpulver

80 g Mehl

100 g Nuss-Nougat-
Masse

Zubereitungszeit: 25 Minuten
Backzeit: 15 Minuten

1 Förmchen mit etwas Butter fetten. Backofen auf 180 °C Ober- und Unterhitze vorheizen. Nuss-Nougat-Masse aus dem Kühlschrank nehmen.

2 Butter in einer Schüssel schaumig schlagen, dabei Zucker langsam einrieseln lassen. Eier nacheinander unterrühren. Gemahlene Nüsse mit Backpulver und Mehl mischen und ebenfalls unter den Teig rühren.

3 Zwei Esslöffel des Teigs beiseitestellen und den restlichen Teig auf die Förmchen verteilen. In die Mitte des Teigs eine kleine Vertiefung eindrücken und je 1 Teelöffel der Nuss-Nougat-Masse hineingeben. Mit dem beiseitegestellten Teig bedecken (siehe Klappe hinten).

4 Die Lavacakes im Backofen auf der zweiten Schiene von unten etwa 15 Minuten backen. Aus dem Ofen nehmen, kurz abkühlen lassen und kopfüber auf Teller stürzen. Sofort servieren.

Cremige Lavacakes

Verführerisch zart
mit feiner Milchcreme

Zutaten
für 4–6 Stück

100 g Butter plus etwas
für die Form

125 g Dulce de Leche

2 Eigelb (Größe M)

2 Eier (Größe M)

1 TL Zimt

1 TL Vanilleextrakt

30 g Mehl

Zubereitungszeit: 20 Minuten
Backzeit: 10 Minuten

1 Förmchen mit etwas Butter fetten. Backofen auf 175 °C Ober- und Unterhitze vorheizen.

2 Butter über dem heißen Wasserbad schmelzen. Butter und Dulce de Leche in einer Schüssel verrühren. Eigelbe, Eier, Zimt, Vanilleextrakt und Mehl ebenfalls unterrühren. Den Teig auf die Förmchen verteilen.

3 Die Törtchen im Backofen auf mittlerer Schiene etwa 10 Minuten backen. Aus dem Ofen nehmen und kurz abkühlen lassen. Dann auf Teller stürzen und sofort servieren.

TIPP

Dulce de Leche ist eine in ganz Lateinamerika beliebte Milchcreme.

Apfel-Küchlein

Traumhaft gut mit Ganache-Füllung

Zutaten
für 5–7 Stück

Für den Teig

50 g Butter (zimmerwarm)
plus etwas für die Form

100 g brauner Zucker

1 Ei (Größe M)

100 g Mehl

1 TL Backpulver

80 ml Apfelsaft

Für die Ganache

100 g Zartbitter-
schokolade

100 g Schlagsahne

Zubereitungszeit: 55 Minuten
Backzeit: 15 Minuten

1 Zuerst die Ganache nach Grundrezept zubereiten (siehe Klappe hinten), abkühlen lassen und im Kühlschrank komplett auskühlen lassen.

2 Förmchen mit etwas Butter fetten. Backofen auf 180 °C Ober- und Unterhitze vorheizen.

3 Für den Teig Butter in einer Schüssel schaumig schlagen, dabei Zucker langsam einrieseln lassen. Ei unterrühren. Mehl mit Backpulver mischen und mit Apfelsaft zügig unter den Teig rühren.

4 Zwei Esslöffel Teig beiseitestellen und den restlichen Teig auf die Förmchen verteilen. Ganache einfüllen und mit dem beiseitegestellten Teig bedecken (siehe Klappe hinten).

5 Die Lavacakes im Backofen auf der zweiten Schiene von unten etwa 15 Minuten backen, bis der Teig um die Ganache durch ist. Dann aus dem Ofen nehmen und etwa 10 Minuten abkühlen lassen. Die Lavacakes auf Teller stürzen und sofort servieren.

TIPP
MARSHMALLOWS NICHT LÄNGER BACKEN,
DA MARSHMALOWS SONST KOMPLETT ZERLAUFEN.

Erdnuss-Cakes

Feine Küchlein mit Marshmallow-Kern

1 Förmchen mit etwas Butter fetten. Backofen auf 180 °C Ober- und Unterhitze vorheizen.

2 Butter und Erdnussbutter in einer Schüssel schaumig schlagen, dabei Zucker und Vanillezucker langsam einrieseln lassen. Eier nacheinander unterrühren. Mehl mit Backpulver und Kakao mischen und mit der Milch zügig unter den Teig rühren.

3 Dreiviertel des Teigs auf die Förmchen verteilen und pro Förmchen 1 Marshmallow in die Mitte des Teigs setzen. Besonders große Marshmallows halbieren. Marshmallows mit dem restlichen Teig bedecken.

4 Die Küchlein im Backofen auf der mittleren Schiene etwa 12 Minuten backen, bis die Marshmallows leicht angeschmolzen sind.

5 Die Lavacakes aus dem Ofen nehmen, kurz in der Form abkühlen lassen und auf Teller stürzen. Sofort servieren.

Winter

Marzipan-Küchlein

Mit dem Geschmack von Weihnachten

Zutaten
für 4–6 Stück

100 g Marzipan

100 g weiße Schokolade

100 g Butter plus etwas
für die Form

3 Eier (Größe M)

50 g Zucker

30 g Speisestärke

20 g Mehl

1 TL Backpulver

4 TL Spekulatiusgewürz

Zubereitungszeit: 35 Minuten
Backzeit: 10 Minuten

1 Marzipan und Schokolade grob hacken. Butter in kleine Stückchen schneiden. Marzipan, Schokolade und Butter zusammen über dem heißen Wasserbad unter Rühren schmelzen.

2 Förmchen mit etwas Butter fetten. Backofen auf 180 °C Ober- und Unterhitze vorheizen.

3 Eier aufschlagen und die Marzipan-Butter-Schokoladen-Mischung mit Zucker unterrühren. Speisestärke mit Mehl, Backpulver und Spekulatiusgewürz mischen und unter den Teig rühren.

4 Den Teig auf die Förmchen verteilen und im Backofen auf mittlerer Schiene etwa 10 Minuten backen. Die Lavacakes aus dem Ofen nehmen, kurz abkühlen lassen, auf Teller stürzen und sofort servieren.

TIPP

Das Spekulatiusgewürz kann durch Lebkuchen- oder Chai-Gewürz ersetzt werden.

TIPP

Pressen Sie doch Mandarinen statt
Orangen für die Füllung aus.

Orangen-Lavacakes

Fruchtiger Genuss zur Winterzeit

ZUTATEN
FÜR 5–7 STÜCK

FÜR DEN TEIG
100 g Butter (zimmer-warm) plus etwas für die Form

100 g Zucker

1 Pck. Vanillezucker

2 Eier (Größe M)

90 g Mehl

1 TL Backpulver

1 EL Milch

FÜR DIE ORANGENFÜLLUNG
Saft von 2 Orangen

2 TL Zimt

2–3 EL Speisestärke

ZUBEREITUNGSZEIT: 40 MINUTEN
BACKZEIT: 15 MINUTEN

1 Für die Füllung Saft mit Zimt in einem Topf aufkochen. Stärke in etwa 2 Esslöffeln Wasser anrühren und dazugeben. Nochmals aufkochen, bis eine geleeartige Masse entsteht. Füllung vom Herd nehmen und abkühlen lassen.

2 Förmchen mit etwas Butter fetten. Backofen auf 180 °C Ober- und Unterhitze vorheizen.

3 Für den Teig Butter in einer Schüssel schaumig schlagen, dabei Zucker und Vanillezucker langsam einrieseln lassen. Eier nacheinander unterrühren. Mehl mit Backpulver mischen und mit der Milch zügig unter den Teig rühren.

4 Zwei Esslöffel des Teigs beiseitestellen und den restlichen Teig in die Förmchen füllen. Abgekühlte Orangenfüllung in den Teig spritzen und mit dem beiseitegestellten Teig verschließen (siehe Klappe hinten).

5 Die Förmchen im Backofen auf der zweiten Schiene von unten etwa 15 Minuten backen. Dann aus dem Ofen nehmen, kurz abkühlen lassen und auf Teller stürzen. Sofort servieren.

Caramel Cakes

Ein Schokotraum mit besonderer Note

Zutaten
für 5–7 Stück

Für den Teig

30 g Butter plus etwas für
die Form

100 g Zartbitterschokolade

3 Eier (Größe M)

40 g brauner Zucker

100 g Mehl

30 g Kakaopulver

1 TL Backpulver

Für das Karamell

125 g Zucker

125 g Sahne

30 g Butter

2 TL Meersalz

Zubereitungszeit: 70 Minuten
Backzeit: 10 Minuten

1 Für das Karamell alle Zutaten in einen Topf geben, einmal aufkochen und dann unter Rühren etwa 15 Minuten bei mittlerer Hitze einkochen lassen. Ein Backblech mit Backpapier belegen. Karamell auf das Backblech streichen und lauwarm abkühlen lassen.

2 Für den Teig Butter klein schneiden, Schokolade grob hacken. Beides über dem heißen Wasserbad schmelzen. Eier in einer Schüssel aufschlagen und Zucker und Butter-Schokoladen-Mischung unterrühren. Mehl mit Kakao- und Backpulver mischen und ebenfalls unter den Teig rühren.

3 Förmchen mit etwas Butter fetten. Backofen auf 180 °C Ober- und Unterhitze vorheizen.

4 Den Teig auf die Förmchen verteilen und je eine kleine Vertiefung eindrücken. Je 1 Stückchen bzw. 1 Teelöffel des lauwarmen Karamells in die Vertiefungen geben (siehe Klappe hinten) und von den Seiten mit Teig bedecken.

5 Die Lavacakes im Backofen auf der zweiten Schiene von unten etwa 10 Minuten backen. Aus dem Ofen nehmen, kurz auskühlen lassen, auf Teller stürzen und sofort servieren.

Red Velvet Cakes

Amerikanische Klassiker in neuem Gewand

Zutaten
für 4–6 Stück

100 g Butter plus etwas für die Form

100 g weiße Schokolade

2 Eier (Größe M)

2 Eigelb (Größe M)

50 g Zucker

1 EL Lebensmittelfarbe in Rot

1 TL Vanilleextrakt

20 g Kakaopulver

20 g Mehl

Zubereitungszeit: 20 Minuten
Backzeit: 10 Minuten

1 Förmchen mit etwas Butter fetten. Backofen auf 175 °C Ober- und Unterhitze vorheizen.

2 Für den Teig Butter in Stückchen schneiden und Schokolade grob hacken. Beides über dem heißen Wasserbad schmelzen. Eier mit Eigelben, Zucker, Lebensmittelfarbe und Vanilleextrakt in einer Schüssel verrühren. Schokoladen-Butter, Kakaopulver und Mehl unterrühren. Den Teig auf die Förmchen verteilen.

3 Die Törtchen im Backofen auf mittlerer Schiene etwa 10 Minuten backen. Aus dem Ofen nehmen und kurz abkühlen lassen. Dann auf Teller stürzen und sofort servieren.

TIPP

KLAPPT AM BESTEN MIT PROFI-LEBENS-
MITTELFARBE, DIE ES IN GUT SORTIERTEN
SUPERMÄRKTEN GIBT.

Über die Autorin

Wenn Jasmin Schlaich nicht gerade märchenhafte Lavacakes backt, testet sie neue Kuchen- und Tortenrezepte für ihren Blog **Oh, wie wundervoll**. Auf www.ohwiewundervoll.com hat sie einen Ort des Glücks geschaffen – mit wundervollen Backrezepten und schönen Momenten.

Impressum

FOTOS: frechverlag GmbH, 70499 Stuttgart; lichtpunkt, Michael Ruder; Frank Schneider (Autorenfoto)
ILLUSTRATIONEN+MUSTER: Creative Market (WINS Doodle Shop: Dmitry Venevtsev; RuleByArt)
PRODUKTMANAGEMENT: Mirjam Schilling
LEKTORAT: no:vum, Susanne Noll, Kennef
LAYOUTENTWICKLUNG: Eva Grimme
SATZ: Eva Grimme
DRUCK UND BINDUNG: Drukarnia Dimograf Sp.zo.o./Polen

1. Auflage 2016
© 2016 frechverlag GmbH, Turbinenstraße 7, 70499 Stuttgart

ISBN 978-3-7724-8012-6
Best.-Nr. 8012